Colección LECTURAS DE ESPAÑOL

Lecturas de Español son historias interesantes, breves y llenas de información sobre la lengua y la cultura de España. Con ellas puedes divertirte y al mismo tiempo aumentar tus conocimientos. Existen seis niveles de lecturas, (elemental I y II, intermedio I y II y superior I y II), así que te resultará fácil seleccionar una historia adecuada para ti.

En *Lecturas de Español* encontrarás:

–temas e historias variadas y originales

–notas de cultura y vocabulario

–ejercicios interesantes sobre la gramática y las notas de cada lectura

–la posibilidad de compartir tu lectura con otros estudiantes

NIVEL INTERMEDIO - II

Memorias de septiembre

Coordinadores de la colección:
Abel A. Murcia Soriano (Instituto Cervantes. Varsovia)
José Luis Ocasar Ariza (Universidad Complutense de Madrid)

Autor del texto:
Susana Grande Aguado

Explotación didáctica:
Abel A. Murcia Soriano
José Luis Ocasar Ariza

Ilustraciones:
Raúl Martín Pérez de Ossa

Diseño de la colección:
Antonio Arias Manjarín

Maquetación:
Susana Fernández y Juanjo López

Dirección Editorial:
Fernando Ramos Díaz

I.S.B.N.: 84 - 89756-73 -2
Depósito Legal: M - 7613 - 2002

Editorial Edinumen
Piamonte, 7. 28004 - Madrid (España)
Tlfs.: 91 308 22 55 - 91 308 51 42
Fax: 91 319 93 09
E-mail: edinumen@edinumen.es

Filmación: Reprografía Sagasta (Madrid)
Imprime: Gráficas Glodami. Coslada (Madrid)

Memorias de septiembre

ANTES DE EMPEZAR A LEER

1. En el título del libro aparecen la palabra memoria(s) y la palabra septiembre. ¿Con qué palabras o expresiones de las que aparecen en las siguientes columnas crees que pueden tener relación en esta historia? El dibujo te puede dar alguna pista. Márcalas y comprueba, después de leer la historia, si has acertado.

❏ diario
❏ fin de las vacaciones escolares
❏ otoño
❏ mal tiempo
❏ amnesia
❏ nostalgia
❏ vejez
❏ zoológico
❏ lluvia

❏ celebración
❏ literatura
❏ recuerdos
❏ cine
❏ tristeza
❏ fiesta
❏ amor
❏ soledad
❏ alegría
...

M
E
M
O
R
I
A
(S)

S
E
P
T
I
E
M
B
R
E

2. En España, el mes de septiembre tiene un significado especial en el mundo infantil. Alrededor del 15 de septiembre acaban las vacaciones de verano y empieza el año escolar. No en todos los países es igual. Haz el calendario escolar/universitario de tu país. Consulta después a tu profesor (o Internet, o a un amigo) y compáralo con algún país de habla hispana. ¿Qué cosas son las que más llaman tu atención? ¿Por qué?

ENERO	FEBRERO	MARZO	ABRIL
MAYO	JUNIO	JULIO	AGOSTO
SEPTIEMBRE	OCTUBRE	NOVIEMBRE	DICIEMBRE

3. ¿Qué pasaba en septiembre durante tu infancia? ¿Cómo empezaba cómo terminaba el mes?

4. En cada una de las siguientes oposiciones, elige las que crees que pue dan definir el escenario de *Memorias de septiembre*:

colegio / vacaciones

ciudad / pueblo

playa / campo

españa / extranjero

lluvia / sol

5. Muchos de los niños de las grandes ciudades pasan las vacaciones de veran en pequeños pueblos del interior o de la costa. En ocasiones, se trata del pue blo de sus padres o de sus abuelos. ¿Cuáles crees que son las diferencias má importantes entre pasar las vacaciones en una ciudad o en un pequeño pue blo? Comenta con tus compañeros tus respuestas.

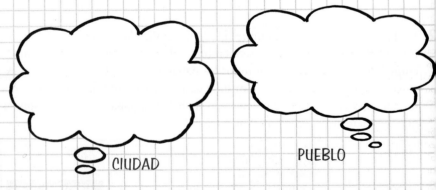

CIUDAD   PUEBLO

6. Has acabado las actividades que te hemos propuesto antes de empezar a lee Seguro que ahora con la información que has podido deducir tienes una ide un poco más concreta de lo que vas a leer. Escribe cuáles son tus expectativa y comprueba al final de la lectura si estabas o no equivocado.

I

Refresca: baja la temperatura.

La tarde está tranquila. **Refresca**. Todavía no han caído las hojas, pero pronto las ramas quedarán desnudas. Estoy sentada junto a la ventana. Llega hasta mí el rumor alegre de las voces infantiles en el parque. Septiembre avanza. Cierro los ojos y me veo a mí misma, muchos años atrás, a muchos kilómetros, en un lugar completamente distinto, en un espacio de casas blancas y campos dorados, donde en septiembre todavía era verano, y en los últimos días de libertad, antes de volver a la escuela, a la prisa de la gran ciudad, al otoño y a los días tristes. Me veo con diez años, en un autocar sin aire acondicionado, que avanza por una **carretera comarcal**, en una tarde calurosa de principios de septiembre...

carretera comarcal: las carreteras españolas se dividen, por su importancia, en nacionales y comarcales.

se me ha dormido el brazo: quedarse una extremidad sin sensibilidad por cierto tiempo, produciendo sensación de hormigueo, sin obedecer a la voluntad o con movimiento torpe.

– Eh, niños, espabilad, que ya llegamos.

– Mamá, **se me ha dormido el brazo**... Claro, con el cabezón de mi hermano...

– ¡Mira, mami, la tonta esta me llama cabezón!

– ¡Ya está bien! –Las peleas entre Guillermo y yo siempre acababan con una mirada firme de mi madre.

El autocar paró. Bajamos unas ocho personas. En

la acera, como siempre, nos esperaban los abuelos. Besos, saludos, "¡qué grandes estáis, hermosos!", y otra vez besos y abrazos. Luego tocaba saludar a los tíos y a los primos. Los mayores se saludaban juntando las mejillas y lanzando dos besos al aire, pero a los niños nos dejaban marcas de carmín, maquillaje y hasta saliva, que no te podías limpiar con la mano, porque era de mala educación.

Mientras subíamos hacia la casa de mis abuelos, vimos un grupo de niños en bicicleta. Uno de ellos era mi primo Iván. La abuela lo llamó:

– ¡Iván, ven a saludar a tus primos!

jo: expresión de disgusto.
bici: forma coloquial abreviada de bicicleta.

Iván murmuró **"jo"**, como hacía siempre, detuvo la **bici** y se acercó. Nos veíamos de año en año. Como éramos de la misma edad, mi tía tenía la fastidiosa costumbre de ponernos juntos para ver si ya era más alto que yo. Una tontería, porque se sabe perfectamente que las niñas crecen antes; cinco años después, mi primo era diez centímetros más alto que yo, pero, en aquella época, era bastante más bajo, lo cual parecía no gustarle nada. Dijo "hola", y se volvió hacia los otros niños, que ya iban distanciados: "Luego venís a **la puerta de mi abuela**, ¿eh?", y se puso al lado de mi hermano, seguramente para contarle todos los secretos que guardaba **la despensa** de la abuela. A Guille podía dominarlo con estas historias; a mí me amenazaba con pegarme si les contaba a los mayores sus travesuras. Otra vez, íbamos a ser sus cómplices a la fuerza.

la puerta de mi abuela: se refiere a la puerta principal, de entrada, de la casa de su abuela.
la despensa: cuarto muy pequeño donde se guarda los alimentos de una casa.

II

Desde el patio llegaba el olor de los jazmines. La abuela recogía los platos. Mamá y mis tías iban de un lado para otro, hablando, llevando cosas del comedor a la cocina. Mi primo saltó de la silla:

— ¡Mamá, me salgo a la puerta a jugar!

— Espera a tus primos —le ordenó mi tía.

Iván se paró en la puerta, se volvió con fastidio, y dijo "jo". La verdad es que no me apetecía jugar con este pequeño chantajista, pero no podía dejar a mi hermano indefenso, y a Guille le fascinaba la personalidad de este **"listillo"**, dos años mayor que él. Delante de la casa, junto a la acera, había un grupo de niños y niñas de edades diferentes y diferentes estaturas. Estaban jugando con un perro grande y de aspecto pacífico; se subían encima, y le gritaban **"¡Arre, caballo!"**. El caballo, claro, no hacía ni caso, bostezaba e intentaba tumbarse en el suelo. Iván los llamó, e inmediatamente se acercaron, dejando tranquilo al pobre perro.

— Mirad lo que tengo —dijo mi primo, sacando dos cajas de **fósforos** de un bolsillo—. Esta es una caja de cerillas normal, ¿no? —y la abrió para enseñarnos su contenido—. Pero aquí dentro, **¡tachán!**..., ¡un saltamontes! —El pobre insecto movió un poco las patas, pero ya estaba más muerto que vivo.

— Oye, ¿cuándo lo has cogido? —preguntó un niño

"listillo": listo significa 'inteligente', 'que reacciona rápidamente',... "Listillo" tiene un significado despectivo: se refiere a alguien listo para aprovecharse de los demás o de las circunstancias.

"¡Arre, caballo!": "arre" es una interjección que se emplea para animar a las bestias a andar.

fósforos: cerillas.

¡tachán!: imitación del sonido de música fuerte.

la siesta: tiempo después del mediodía destinado para dormir o descansar después de comer; generalmente, entre las tres y las cinco de la tarde.
dándose importancia: presumiendo.
pipi: así es como se refieren los niños pequeños a los pájaros.
bichos: nombre aplicado a cualquier animal pequeño, despectivamente o por no saber cómo llamarlo.

delgado, con los ojos muy grandes, que siempre estaba con la boca abierta, y al que llamaban el Pipi.

– Esta tarde, en la hora de **la siesta** –contestó mi primo, **dándose importancia.**

– ¿Y te deja salir tu madre en la siestaaa...? –El **Pipi** abrió todavía más la boca y yo pensé: "Claro, por eso le llaman el Pipi, porque parece un pájaro en el nido, de esos que todavía no saben volar y están todo el día con la boca abierta y comiendo **bichos** que les trae su madre". Así se resolvió una duda que tenía desde que conocí al Pipi, un par de años atrás.

– Oye, Pipi, ¿tú eres tonto o qué? Claro que no me deja salir, pero yo me espero a que estén todos dormidos, o despistados, y salgo despacio, sin que se den cuenta. Cuando vuelvo, todavía están en la siesta. Me meto otra vez en la cama, y ya está. Lo malo será cuando venga mi padre, que ese sí que me controla. –Pues a ver si era verdad que llegaba pronto mi tío, aunque, como mi padre, estaba trabajando y sólo iba los fines de semana.

Yo sabía cómo era mi primo, y sospechaba que el saltamontes no lo iba a pasar muy bien. Suponía que le iba a fabricar una jaula, utilizando las cajitas como suelo y techo de la pequeña "cárcel", y las cerillas como barrotes, cosa que hacía cada vez que atrapaba un insecto. Los demás niños también conocían esta costumbre de mi primo, por eso no pusieron cara de sorpresa. Pero Iván empezó a hablar y a actuar:

– A este preso no lo vamos a meter en la cárcel, a éste lo mandamos directamente... ¡a la hoguera! –y metió de nuevo al saltamontes en la caja vacía, mientras sacaba una cerilla de cabeza blanca de la otra, la encendió, ¡chas!, se agachó, y, dejándola sobre la acera, prendió fuego a la caja con el insecto dentro. Efectivamente, parecía una pequeña hoguerita.

Las reacciones de los niños fueron diversas: el Pipi abrió la boca y los ojos, otro niño, Fernando, dijo "se va a quedar como un cangrejo", otros se reían, nerviosos, diciendo "**¡halaaa!**", las niñas –una de ocho años y otra de once– ponían cara de pena y murmuraban "pobre saltamontes". Mi hermano estaba como hipnotizado, y yo pensaba que mi primo era cada año más salvaje. Poco a poco, las llamas se apagaron. Iván abrió la cajita, que no se había quemado del todo. Pues sí; el saltamontes estaba como un cangrejo de la **paella**. Por lo visto, todo lo que se quemaba o se cocía vivo se ponía rojo. Pensé lo mismo que pensaba cuando veía los cangrejos encima del arroz: «¿En qué momento se ha muerto? ¿Qué piensa un bicho al morirse? ¿Qué se sentirá al morirse? Morirse... morirse... morirse». La palabra empezó a repetirse en mi mente, una y otra vez. Desde hacía algunos meses, cada vez que oía algo sobre accidentes, atentados, o cualquier otra cosa relacionada con morirse, la palabra me obsesionaba. Tenía pesadillas por las noches, me imaginaba que explotaba una bomba en la calle mientras yo pasaba, o que me atropellaba un coche, y la idea permanecía durante algunos días, hasta que se me olvidaba, con la despreocupación de los diez años.

'**¡halaaa!**": esta interjección se emplea para expresar sorpresa o impresión.

paella: plato español, originario de la región de Valencia, que consiste en arroz cocinado con distintas verduras, como guisantes, judías verdes, alcachofas, y trozos de carne o bien de pescado, mariscos, etc.

los columpios: lugar donde hay distintas atracciones para niños, como, además de los columpios propiamente dichos, toboganes, balancines, tanques con arena...

Nanay: expresión de uso muy coloquial; significa 'no', 'en absoluto', 'de ninguna manera'.

tele: forma coloquial y abreviada de "televisión".

del Eusebio: en castellano, los nombres de persona no deben ir precedidos de artículo, pero es un uso bastante frecuente.

bocazas: insulto que se dice a quien habla más de lo debido, que cuenta cosas inoportunas.

Merce: forma familiar para el nombre de mujer Mercedes.

Al poco rato de estar observando el cuerpecillo achicharrado del saltamontes las niñas sugirieron la idea de enterrarlo. "¿Pero dónde?", preguntó Fernando. Marcos, un chico del pueblo, indicó:

– Allí abajo, donde **los columpios**. Lo podemos poner al lado de algún árbol. No hace falta escarbar mucho, porque es muy chico.

– ¿Y hasta allí vamos a bajar ahora? –protestó mi primo. –**Nanay**, además eso es cosa de chicas. –Yo nunca pensé que enterrar a los muertos era cosa de chicas, porque, cuando salían en la **tele** cosas de cementerios, los enterradores eran siempre hombres.

– Lo que le pasa a Iván es que tiene miedo **del Eusebio** –observó el Pipi.

– ¡Eso es mentira, **bocazas**! –contestó mi primo, lanzándose contra el Pipi. Empezaron a pegarse, hasta que Fernando dijo:

– Bueno, yo me voy a enterrar el saltamontes. El que quiera venir, que venga –y salió corriendo, calle abajo.

Iván dejó al Pipi y fue inmediatamente tras Fernando, gritando: "¡El saltamontes es mío!". Todos seguimos a los dos chicos, hacia los columpios. Mientras bajábamos, le pregunté a **Merce**, la niña que corría a mi lado:

– ¿Quién es el Eusebio?

– Uno que está loco. Sólo sale por las noches. Va andando por ahí. Dice mi abuelo que ese hombre mató a su mujer, y se sabe una canción, así: "Eusebio

la hizo chorizos: el chorizo es un embutido de cerdo de color rojo. Hacer a alguien chorizos es matarlo y emplear su carne para hacer chorizos (figuradamente).

Si eso fue hace muchos años: esta oración con *si* no es condicional; pertenece a un tipo de oraciones en las que el hablante expresa una circunstancia que para él resulta evidente, y se lo comunica de forma enfática al interlocutor.

unos cuernos: para estas niñas, cuerno tiene un sólo significado, el de 'apéndice óseo que tienen algunos animales'; en realidad, en la historia de Eusebio, se da a entender el otro significado, poner los cuernos, "ser infiel el marido a la mujer o viceversa".

las fiestas: celebraciones especiales en honor de un santo, o con algún motivo de origen religioso, que se celebran en cada pueblo.

corrida: espectáculo en el que se torean seis toros sucesivamente.

Cifuentes mató a su mujer, **la hizo chorizos** y la puso a vender."

— Y si mató a su mujer, ¿por qué no está en la cárcel?

— Porque ya ha salido. **¡Si eso fue hace muchos años!**

— ¿Y por qué la mató?

— Mi abuelo dice algo de **unos cuernos**, o no sé qué. Siempre le digo a mi abuelo que me cuente más, pero entonces llega mi madre y le dice: "Calle usted, padre, ¿no ve que no son historias para niños?", y me quedo sin saber qué es eso de los cuernos. A lo mejor es que la mató con un cuerno...

Yo no me imaginaba a nadie sacándole un cuerno a un toro o una vaca para matar a alguien, además, en este pueblo no había casi vacas, y los únicos toros que traían eran los de **las fiestas**, para torearlos. Tal vez Eusebio Cifuentes robó un cuerno de un toro, después de una **corrida**, porque los locos hacían cosas muy raras. Eso me recordó que, pocos días después, empezaban las fiestas del pueblo. Con estos pensamientos, llegamos al parquecillo de los columpios.

— Tú escarbas y yo lo entierro, porque el saltamontes es mío y lo he matado yo —decía mi primo a Fernando. El otro estuvo de acuerdo, y empezaron la tarea. Los demás nos sentamos alrededor, mirando. Guille comenzó a bostezar y se tumbó en el suelo, cerrando un ojo y tapando la luna con la mano.

Después del "entierro", nos acercamos a los columpios. Era divertido columpiarse a la luz de la luna, sobre todo porque en la ciudad no había ocasión de hacerlo; los niños no iban de noche a los parques. Iván gritó:"Mirad qué alto subo", y era verdad; su columpio casi daba la vuelta al eje. De pronto, apareció una sombra que se acercaba entre los árboles. La luz de una farola descubrió a un hombre alto, increíblemente flaco, y completamente calvo.

– ¡Aaaah, es el Eusebio! –chilló Merce, saltando del columpio y echando a correr.

En ese momento, mi primo, cuyo columpio estaba literalmente por encima del eje, se lanzó al suelo ¡zas!, y **aterrizó con los dientes.**

aterrizó con los dientes: cayó boca abajo, golpeándose los dientes contra el suelo.

pandilla: conjunto de niños o jóvenes que se reúnen para divertirse juntos y jugar.
Guille: acortamiento de Guillermo.

Iván no se acordó de que tenía primos, de que era un verdugo de saltamontes, de que era el "jefe" de la **pandilla**, de que huir era cosa de niñas. Con la boca sangrando, y algún diente menos, salió volando calle arriba. Yo cogí a **Guille** de la mano, y seguí a los demás. ¡Cualquiera sabía si aún tenía el cuerno ese con el que mató a su mujer! Al pensarlo, sentí un escalofrío en la espalda. Guille todavía no sabía eso del Eusebio, pero, seguramente, le pareció que, si Iván le tenía miedo, debía de ser un hombre muy peligroso.

Cada niño se dirigió a su casa. Cuando llegamos a la puerta de la nuestra, allí estaban mi madre y mi tía, e Iván, que intentaba esconderse tras mi abuela, llorando y tapándose la boca.

– ¡Ya te has peleado con algún muchacho! ¡Mira cómo te han puesto la boca! Se lo contaré a tu padre. –La tía Carmen intentaba atrapar a mi primo, que daba vueltas alrededor de la abuela.

hermoso: generalmente, significa 'bello', 'bonito', pero en algunas zonas del centro de España se usa como apelativo cariñoso para dirigirse a los niños o a personas a las que se aprecia y con las que se tiene confianza.

peleón: persona a la que gusta mucho pelear o discutir.

haciendo el loco: comportándose como un loco, sin medida ni control sobre los actos.

cogerá anginas: es decir, "enfermará de anginas", o de amigdalitis. Anginas es como se denomina popularmente a las amígdalas.

añazos: aumentativo para marcar que diez ya son muchos años.

bronca: regañina. Echar la bronca a alguien es regañarle.

– No le pegues, mujer, ¿no ves que ya no tiene remedio? Anda, **hermoso**, vamos a ver cómo te curamos –decía la abuela, protegiendo al caradura de mi primo.

– Tía, que no se ha peleado, que es que ha visto al Eusebio, y se ha caído –aclaró Guille, al acercarnos.

– ¡Cállate, idiota! –le gritó Iván, porque pelearse era de chicos, pero tener miedo y caerse era cosa de niñas, y, desde luego, prefería que los mayores le tuvieran por un **peleón**, antes que por un cobarde.

Yo vi la cara de mi madre, que me miraba fijamente, y sospeché lo que iba a suceder:

– ¿Te parece bonito? ¿Crees que son horas de andar por ahí, corriendo y **haciendo el loco**? Mira cómo viene tu hermano, sudando, la criatura. Luego **cogerá anginas**, y yo aquí, preocupándome por estos inconscientes. Parece mentira que tengas diez **añazos**, hija. Con lo lista que eres para el colegio y lo tonta para otras cosas... –y siguió diciendo todo eso que decía cuando hacía algo que se suponía no era propio de mi edad. ¡Esto sí que era injusto! Encima que intentaba salvar a mi hermano de Eusebio Cifuentes y del cuerno, tenía que soportar una **bronca**. Además, ¿no era mucho más terrible morirse de un "cuernazo" que sufrir unas anginas que, después de todo, se te pasaban con una medicina de nada? Intenté explicarle a mi madre la situación, pero ella siempre tenía una contestación preparada:

– Y ¿se puede saber qué andabais haciendo de noche en los columpios?

No podía decirle lo del entierro del saltamontes. Sin esperar mi respuesta, mi madre determinó:

– Venga, lavaos y marchaos a la cama ahora mismo.

Nuestra habitación estaba bastante alejada del comedor, así que no era posible oír las voces de los mayores, ni llegaba nada de luz. Sólo podía oír la respiración de mi hermano, en la cama de al lado, y la de mi primo, en la habitación de enfrente. Yo no podía dormir. Todo era oscuridad alrededor. Y miedo. Las ventanas estaban cerradas, sí, pero ¿quién me iba a librar de los fantasmas? Me pareció una eternidad el tiempo que los mayores tardaron en entrar a las habitaciones. Pasé el resto de la noche soñando con saltamontes rojos, hogueras, y Eusebios escondidos en los armarios, y unos extraños golpes de los fantasmas que se arrastraban por las **cámaras**.

cámaras: habitaciones en la parte alta de las casas en las zonas agrícolas destinadas a almacenar o guardar los granos de cereal o los frutos de las cosechas.

III

La primera mañana de fiesta, me despertó una música que venía de la calle. Salté de la cama. Para llegar a las ventanas exteriores, había que atravesar un salón inmenso y oscuro, pero de día no había fantasmas, y seguramente la abuela ya estaba levantada. La luz del día inundó el salón y me deslumbró la blancura de la calle. La música se oía cada vez más cerca.

la banda municipal: conjunto musical en el que predominan los instrumentos de viento y de percusión, y pertenece al ayuntamiento de una población determinada.

las paredes de cal: la cal (óxido de calcio) es una sustancia que se emplea en algunas regiones españolas para cubrir las paredes exteriores de las casas.

"diana": en sentido original, el "toque de diana", es la llamada militar de la mañana, para que la tropa se levante. También toque de los músicos por las calles hacia las ocho de la mañana, los días de fiesta en algunos pueblos.

churros: típicamente españoles, consisten en trozos de masa de harina y agua, cilíndricos y delgados, generalmente con las puntas unidas. Se toman en el desayuno, y también en fiestas callejeras.

patio: espacio con paredes y sin techo en el interior de un edificio o en su parte posterior.

aljibe: palabra de origen árabe, que significa 'pozo', depósito subterráneo de agua.

¡Anda!: exclamación de sorpresa, susto, asombro, extrañeza, o al darse cuenta de algo de repente.

Por fin apareció. Era la **banda municipal**. Los músicos, marcando un paso uniforme, avanzaban tocando cornetas, flautas, tambores, platillos, todos de blanco y azul marino. El alegre son retumbaba en las **paredes de cal**. Detrás de ellos, un desfile de muchachos, saltando, riendo, bostezando, charlando, se sumaba a la **"diana"**. «Cuando yo tenga quince años, me dejarán salir temprano para seguir a los músicos, y para ir a la plaza a comer **churros**, y podré quedarme por la noche hasta muy tarde, bailando, y entonces entenderé los chistes de mi tío Eugenio, esos que a los mayores les hacen tanta gracia, y nos dicen que ya los entenderemos... Pero yo no bailaré con Iván, ni con el Pipi, ni con ninguno de esos chicos, yo bailaré con papá, que es el más guapo de la familia, y el que mejor baila, y el más serio, y no hace chistes tontos. ¡Hoy viene papá!». La idea de ver a mi padre en unas pocas horas, me hizo sentirme eufórica, y atravesé de nuevo el salón, mientras la música se alejaba. Salí al **patio**, todavía en pijama, para oler las flores antes de que llegaran las abejas, y para jugar con los gatos. Miré el **aljibe**, y recordé que debía hacer algo que hacía siempre que veníamos al pueblo, desde que era muy pequeña. Levanté la trampilla de metal que protegía la boca del pozo, me asomé y grité "¡Soledad Villegas Fernández!", mientras el eco respondía "nández...nández... ae...ae", atrapando mi nombre entre las aguas quietas del fondo. ¿Cómo sería morirse ahogada en un pozo? Inmediatamente, retiré la cara del borde y me quedé pensando.

– **¡Anda!** ¿Ya estás levantada, hermosa? ¿Por qué

banderines de papel: banderas pequeñas de papel que se utilizan para adornar las calles en las fiestas.

"con Dios": forma de saludo usada sólo en las zonas rurales entre personas mayores. Su forma completa es "vaya usted con Dios" o "quede usted con Dios".

cuarto: un cuarto de kilo, es decir, 250 gramos.
una rosca: el pan puede tener distintas formas: barra (alargado), bollo (esfera, semiesfera), rosca (en forma de rueda o aro)...

no te vistes y vamos a por unos churritos a la plaza?
–Las propuestas de la abuela eran siempre geniales.
Hacía muy buen tiempo. El sol aún no calentaba, pero su luz en mi cara, me hacía estornudar. Una brisa movía los **banderines de papel**, colgados en lo alto, de un lado al otro de las calles. Algunas mujeres caminaban con sus bolsas hacia las tiendas, otras, volvían con el pan recién comprado, fresco, oliendo a horno todavía. Mi abuela saludaba a todas por sus nombres, y se decían **"con Dios"**. No había niños por las calles a esta hora. Entramos en una tienda. Había de todo y olía a todo: pan, quesos, jamones, caramelos, detergentes, bombillas, cintas para el pelo... Cada cosa en su sitio, ni un solo espacio de los mostradores estaba vacío, pero nada sobraba.

– ¿Qué hay, María? ¿Es esta la chica mayor de Miguel? Pues sí que estás grande ya, hermosa, ¿cuántos años tienes? –la dependiente preguntaba lo mismo todos los años.

– Diez.

– ¡Diez años ya, qué barbaridad, cómo pasa el tiempo! –exactamente lo mismo que decía mi madre en el cumpleaños de cualquier persona– Oye, María, el chico de Eugenio también está aquí, ¿no? ¿Qué querías?

– Me pones **cuarto** de queso de cabra y **una rosca** de pan. Sí, Iván también está aquí. Están los muchachos con sus madres. Esta tarde vendrán mis hijos, Miguel y Eugenio.

– Oye, ¿y la del inglés?

cursi: se dice de lo que, pretendiendo ser elegante o refinado, resulta afectado o ridículo.

bruto: persona que utiliza la fuerza física contra los demás y es poco delicado.

pegón: familiarmente niño que pega mucho a otros.

– Bueno, mi hija Aurora y su marido el inglés nunca se sabe lo que van a hacer. Si vienen, vendrán esta tarde.

¿Que iban a venir mi tía Aurora y mi tío el inglés? ¡Eso significaba, entonces, que mi prima Anita también venía! Mi prima, Anita, la "Insoportable", era una niña **cursi** y repelente a la que me encantaba fastidiar, y de quien nos reíamos mi hermano Guillermo y yo. Iván era un **bruto** y un chantajista, además de ser un **pegón**, pero por lo menos se inventaba cosas para jugar, con él nunca nos aburríamos. Además, si algo se rompía, ya sabían todos que él era el culpable. Sin embargo, Anita era una tonta. Prefería estar con los mayores, porque la mimaban y decían "qué niña tan buena, qué mona va, qué limpia es, qué lista, qué buena en el colegio". Y eso a mí me ponía enferma, porque yo también sacaba buenas notas en el colegio y nadie me alababa. Papá siempre decía: "sacar buenas notas es bueno para ti; estudiar es tu obligación, como la mía es trabajar".

– Bueno, mujer, qué le vas a hacer. No pongas esa cara. Si a tu chica le gustaba... Además, ya sabes que hoy en día no es como antes, que todo el mundo se casaba por la Iglesia –por lo visto, esta señora de la tienda conocía las vidas de todo el mundo, y no sólo de ahora, sino de antes.

– Anda, calla, que hay ropa tendida... –dijo la abuela, y me señaló a mí. Esto de la "ropa tendida" era lo que los viejos decían cuando había niños delante y no querían seguir hablando de ciertas cosas.

Y, siempre que alguien empezaba a hablar de la tía Aurora y del tío Jerry, la abuela ponía la cara triste, y cambiaba de conversación.

– Bueno, ¿no quieres nada más? Son... Y toma, guapa, estos caramelos para ti. –La mujer me entregó dos caramelos enormes.

Salimos de la tienda. Nos acercamos a la plaza. En una esquina, había una puerta pequeña abierta, y encima del marco, un cartel que decía "CHURRERÍA POLO". Entramos. Un hombre gordo, con un delantal blanco y la piel brillante de sudor, nos atendió. Otra vez tuve que decir mi edad, y quién era mi padre, y que sí, que mi primo Iván también estaba en el pueblo. Sin embargo, este señor no dijo nada de la tía Aurora; al parecer, sabía menos que la mujer de la tienda donde se vendía de todo. Cogía los churros, recién hechos, de una bandeja grande, y los iba metiendo en un **junco** verde, que ataba después con un pequeño nudo. Cuando nos íbamos, **me guiñó un ojo**, me regaló un churro, y dijo "adiós, preciosa". Estaba encantada. Hacía muchos años que nadie me regalaba nada en las tiendas. Sería que mi abuela era simpática con todo el mundo. O que en la ciudad nadie conoce a nadie.

En la casa, mi abuela me preparó un tazón enorme de leche con café soluble. Y me comí por lo menos siete churros, yo solita, en el comedor, con una de las gatas sentada a mi lado, en la **banca**. Noté que la gata estaba más gorda que de costumbre, sobre todo por el vientre. Se lo comenté a mi abuela. "Está

junco: planta de tallos muy delgados, flexibles, que crece en los sitios húmedos, como las orillas de los ríos o lagos.

me guiñó un ojo: guiñar un ojo es cerrarlo durante un instante y volverlo a abrir, mientras se mantiene el otro abierto. Es una señal de complicidad, simpatía, etc.

banca: es una especie de sofá, hecho de madera, que se usa mucho en las casas rurales.

preñada: embarazada.

preñada", me informó. "Es decir, que va a tener gatitos", me expliqué yo. Entonces pensé que la mañana era maravillosa: caramelos, churros, gatitos... Además, me sentía importante; tenía noticias que contar a Guille y a Iván: iban a venir la "Insoportable", y la tía Aurora. Y él, sobre todo él. Mi tío inglés. Jerry.

El abuelo se levantó cuando yo terminaba de desayunar. La tía Carmen y mamá, poco después. No les dije nada sobre mis noticias, porque seguro que ya lo sabían. Pero Iván, no. Y Guille, menos. Tardaban mucho en levantarse. Eran casi las once y yo no podía aguantar más para contarle a Guille las novedades. ¿Y si podíamos utilizarlas para sacar información a Iván acerca del misterio de la tía Aurora y el tío Jerry, sobre el que los mayores nunca hablaban en nuestra presencia? Mamá me consideraba lo suficientemente mayor para cuidar de mi hermano, pero no lo suficiente para contarme qué pasaba con **ese condenado asunto**. Luego, seguro que era una tontería sin interés. Pero los padres son así, ya se sabe. Algunos niños desarrollaban una habilidad especial para enterarse de las cosas sin preguntar a los mayores; éste era el caso de mi primo Iván. Pero, ¿y si, después de todo, él tampoco sabía nada y yo desperdiciaba mis noticias? Tenía, entonces, que seleccionar la noticia... «A ver, si la "Insoportable" viene, será esta tarde, luego Iván se enterará de todas formas; pero si yo le cuento la noticia para conseguir alguna información importante, y después resulta que la prima no viene, Iván creerá que soy una embustera e in-

ese condenado asunto: "condenado" puede aplicarse como adjetivo a una persona o cosa que produce enfado o molestia. Se coloca siempre antes del sustantivo al que se refiere.

tentará pegarme o tirarme la sopa ardiendo por encima, como hizo el año pasado... Entonces, lo mejor será que utilice esta noticia para una información pequeñita, como, por ejemplo, en qué lugar de la cámara guarda la abuela los dulces. ¡Sí, eso haré!... Ay, pero, ¿y lo de los gatitos? Lo malo es que no sé cuándo van a nacer. Si nacen después de las fiestas, ya no estaremos aquí, con lo cual, Iván no podrá cogerlos y ahogarlos como hizo con aquel conejito el año aquel que llovía tanto... Pero si le digo esta noticia y nacen los gatitos antes de irnos, puede quitárselos a la gata y hacer experimentos con ellos...».

Iba pensando mientras me dirigía a las habitaciones cuando, de repente, un par de manos heladas me cogieron el cuello, mientras una voz decía "¡Uuuuh, soy el Eusebio!". El grito que salió de mi garganta retumbó en las paredes del salón oscuro. Al grito siguieron unas carcajadas burlonas. Era mi primo Iván.

– Idiota, no tiene gracia. Tú mucho asustar, pero el otro día, **bien que corrías** al ver a Eusebio –le dije yo, para molestarlo.

– ¡Oye, niña, que yo a ese viejo no le tengo miedo! Y, si sigues con eso, no te voy a decir dónde están los dulces de la abuela, y a Guillermo tampoco –era justo lo que yo estaba esperando para utilizar una de mis noticias.

– ¿Ah, sí? Pues entonces yo no te cuento una cosa de la que me he enterado esta mañana cuando estaba con la abuela en la tienda.

bien que corrías: "corrías mucho", en un sentido ponderativo, para referirse a un hecho pasado y compararlo con el presente.

*ba pensando mientras me dirigía a las habitaciones cuando, de repente, un par de
manos heladas me cogieron del cuello.*

me da igual: no me importa, me es indiferente.

listo: con valor irónico

"hombre duro": que puede resistir cualquier cosa sin conmoverse, que no se deja impresionar por nada.

llorica: es alguien, sobre todo un chico, que llora o se queja con frecuencia. Tiene un tono despectivo.

te vas a enterar: expresión de amenaza.

pesada: fastidiosa, aburrida, por insistir demasiado en una cosa.

– Bah, seguro que es una tontería, así que **me da igual.**

– No es ninguna tontería, **listo.** Pero, si no te interesa, se lo contaré sólo a mi hermano y te va a dar envidia cuando veas lo bien que nos lo pasamos y tú, como un tonto, mirando, porque no tendrás tiempo para preparar nada, ¡ja, ja!

– Te lo estás inventando todo, eres una embustera –ponía su cara de incrédulo y de **"hombre duro"**, pero los ojos le brillaban, señal que indicaba que su interés empezaba a despertarse.

– Vale, como quieras. Total, ya me enteraré de dónde están los bollos. Voy a contarle mi noticia a Guille, y a preparar una cosa para esta noche. Y si intentas sacarle la información a mi hermano, yo les cuento al Pipi, a Fernando y a los otros que eres un **llorica** cuando tu madre te pega.

– ¡Eso ni se te ocurra! –se puso rojo, como un tomate, como los cangrejos de la paella, como el saltamontes quemado.

– Bueno, pues entonces, dime dónde están los dulces, y yo te digo la noticia y entras en el plan con Guillermo y conmigo –era fabuloso poder dominar a Iván y no temer sus amenazas.

– Vale. Pero si es todo mentira, **te vas a enterar.**

– Ven, os lo contaré todo a Guille y a ti a la vez, pero primero lo de los dulces... –con Iván, no había que confiarse.

– Jo, qué **pesada.** Tú has subido a las cámaras con

el abuelo, ¿verdad?. Pues mira, según subes, hay una cámara pequeña a la derecha, y una puerta marrón, al lado de la ventanilla que da al patio. Entras por esa puerta y hay otra cámara, un poco más grande, llena de baúles, espuertas y cosas de esas. Uno de los arcones es, precisamente, el de los dulces. ¿Te has enterado, pesada?

– Mira, Iván, me he quedado como estaba. Yo ya sé que los dulces están en la cámara grande a la que nunca he entrado, y que están en un cajón o arcón, como tú dices, pero, ¿en cuál? –Parecía que Iván no iba a dar más información, pero yo no quería hablar de los gatitos todavía, aunque ésta sí que era una noticia **gorda**.

gorda: importante. En la lengua coloquial, sobre todo entre los niños, se puede aplicar a conceptos como noticia, problema, con el sentido de 'grave', 'importante', 'grande'.

– Si me dejas entrar en el plan ese que vas a preparar con Guille, os subo hasta la cámara y os digo cuál es el arcón, ¿vale?

– Bueno, vale. Pero luego tienes que decirnos eso, ¿eh? Si no, ya sabes lo que voy a hacer –me oí decir, con una voz que desconocía en mí misma.

Guille acabó de despertarse cuando empezamos la guerra de almohadas en su cama. Saltando sobre el colchón, cayendo, volviendo a saltar, golpeándonos sin hacernos daño, con las almohadas rellenas de lana, pensé de repente en el tío Jerry, me lo imaginé en la puerta del cuarto, mirándonos, mirándome. Sentí ese calor de siempre en la cara, cuando algo me daba mucha, mucha vergüenza. Me pregunté qué hacía dando saltos, como una niña pequeña, y entonces dije "basta" y pasamos a cosas más serias.

repipi: se aplica, en tono despectivo, al niño que habla demasiado cultamente para su edad.

chivata: ver nota siguiente.

se chiva: "chivarse" significa, en el lenguaje infantil, acusar, delatar a otro.

de dos en dos: pisando no todos los escalones, sino uno sí y otro no, para bajar más deprisa.

bollos: dulces preparados artesanalmente, horneando una masa hecha con harina, aceite, huevos, leche...

Cuando Guillermo e Iván supieron la noticia de l próxima llegada de Anita, pusieron, primero, cara d asco – "puaf, esa **repipi**, **chivata**"–, y luego, Iván m preguntó cuál era el plan. Yo no tenía ninguno, por que eso era cosa de Iván. ¿No se las arreglaba para es caparse todos los días a la hora de la siesta? Bien, pue ahora debía pensar él un plan.

– Lo malo es que **se chiva** de todo, la "Insoportable" Tenemos que gastarle una broma, pero que no se ente re de que hemos sido nosotros –observó Iván.

– Entonces, les decimos al Pipi, y a Marcos, y Fernando, y, bueno, a todos, que le gasten la brom ellos, y, así los mayores no nos castigan a nosotro – se atrevió a sugerir Guille.

– ¡Nooo! No más gente en el plan. Además, es me jor hacer la broma dentro de casa... –Iván se qued pensando.

Entonces, no recuerdo muy bien cómo, me ima giné a Anita subiendo a la cámara, sola, por la noche a oscuras, y a un fantasma saliendo del arcón de lo dulces, y ella gritando y bajando las escaleras **de do en dos**. La idea no estaba mal. Pero, ¿y si nos descu bría? Además, ¿por qué iba a subir ella sola a la cá mara? Les comuniqué mi idea a mis cómplices, y de cidimos que lo mejor era hablar de los dulces entr los tres delante de Anita, pero sin decirle nada a ella

– Así se creerá que nos está espiando, y que n queremos decirle nada, y querrá subir ella sola par ver si estamos abriendo el arcón de los **bollos**. Per nosotros nos escondemos, y la asustamos desde la escaleras, mientras está arriba. Luego, cerramos la puerta de abajo. Y así nos da tiempo a salir a la calle corriendo, y no nos encuentra... –dijo Iván sin parar, emocionado.

– ¡Claro! Y no podrá decir que hemos sido nosotros, ni que estaba en la cámara, porque "eso no es de niñas buenas" –señalé yo, imitando **la voz afectada** de mi adorable primita.

– Y no puede decirle a tío Jerry que ha visto un fantasma, porque él le dirá "los fantasmas no existen, darling" –dijo Iván, imitando a su vez el acento inglés del tío Jerry.

– Oye, **Sole**, ¿y si se muere Anita del susto? –apuntó Guille, con gesto preocupado, y los mismos ojos de compasión que tenía cuando veía en la tele los **dibujos animados** del niño que va buscando a su mamá desde Italia hasta Argentina.

–¿Qué dices, **enano**? Los niños no se mueren de sustos, sólo los viejos, cuando viene la Momia o Drácula, por detrás, y les cogen y hacen así: ¡aaaah! –Dijo Iván, lanzándose sobre Guillermo, con los brazos rígidos, igual que los monstruos, como la Momia o Frankenstein.

Sin embargo, lo que dijo mi hermano me hizo pensar... Morirse de un susto. Anita no iba a morirse del susto, porque no tenía cara de morirse de un susto. Pero, ¿y si había un fantasma de verdad y se enfadaba con nosotros, y nos perseguía a Guille, a Iván y a mí, y me atrapaba, y me mataba del susto? La preparación del plan acabó cuando Iván empezó a perseguir a Guillermo diciendo "uuuh, soy la Momia, te voy a coger", y mi hermano salió corriendo hacia el patio, gritando y riéndose a la vez. No quería quedarme sola en las habitaciones, y tener que atravesar sola el inmenso salón. Mis piernas temblaban. Los fantasmas no salían de día, pero yo corrí detrás de los chicos. Por si acaso.

PÁRATE UN MOMENTO

1. Completa el siguiente árbol genealógico con los nombres de los personajes que han aparecido hasta el momento:

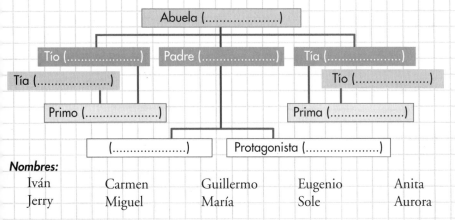

Nombres:

Iván	Carmen	Guillermo	Eugenio	Anita
Jerry	Miguel	María	Sole	Aurora

2. En la historia han aparecido un montón de niños. Haz un esquema con el nombre de cada uno y toda la información que tienes sobre ellos.

Nombre	¿Cómo es?

3. En la historia que has leído hasta ahora hay muchas costumbres que no ne-
cesariamente coinciden con las de tu país. Enumera las costumbres españolas
que aparecen y señala cuáles son distintas en tu país. ¿Cómo crees que se pueden interpretar las costumbres españolas en tu país?

Costumbres *españolas*

4. La vida en los pueblos como el que aparece en la novela tiene características
especiales con respecto a la de la ciudad. Señala cuáles de las siguientes son
más propias de los pueblos y cuáles de las ciudades. Discútelo después con
tus compañeros.

Pueblo	CARACTERÍSTICA	Ciudad
	Tranquilidad	
	Contaminación	
	Cultura	
	Buena comida	
	Sencillez	
	Envidia	
	Moda	
	Contacto con la naturaleza	
	Espectáculos	
	Cotilleo	
	Angustia	
	Soledad	
	Diversión	
	...	

5. Uno de los episodios más crueles de la historia que has leído es el relaciona-
do con la tortura del saltamontes que muere abrasado en una caja de cerillas.
La muerte que ya estaba presente en las pesadillas de Soledad, parece formar
parte del mundo de los niños. ¿Qué miedos recuerdas de tu infancia? ¿Cómo
los puedes explicar? Comenta con tus compañeros tus respuestas.

....
....
....
....
....

6. Imagina que tienes la posibilidad de pasar un verano ideal. ¿Cómo sería?
¿Adónde irías y con quién? Deja volar tu imaginación y escribe cómo pasarías
tu mes de vacaciones perfecto.

....
....
....
....
....

7. En el momento en el que has acabado de leer, los primos están preparando
una broma a Anita. ¿Qué opinión tienes de las bromas? ¿Tienen alguna relación con la edad? ¿Dependen del entorno? ¿Cómo imaginas que puede acabar la historia que estás leyendo? Aquí tienes algunas posibles continuaciones,
pero puedes probar otras...

- La enemistad con la prima Anita
- Aventuras con los fantasmas
- Enamoramiento de Sole e Iván
- Una excursión fuera del pueblo
- Aventuras relacionadas con el Eusebio
- Las relaciones familiares
- ...

IV

"tú la llevas": juego infantil que consiste en que uno de los niños persigue a los demás hasta que alcanza a uno de ellos, que, a su vez, tendrá que perseguir a los otros y así sucesivamente.

el cuadrado: juego tradicionalmente considerado "de niñas", que consiste en saltar por los cuadros numerados y pintados en el suelo para coger una piedra.

la merienda: comida ligera que se toma entre el almuerzo y la cena. Para los niños, suele consistir en pan con alguna otra cosa, por ejemplo, chocolate.

Jugábamos a **"tú la llevas"** delante de la casa de los abuelos. Le tocaba a Marcos coger a los demás. A Fernando era difícil cogerlo, porque tenía las piernas muy largas y corría más rápido que los otros niños. Guillermo, cada vez que se cansaba, se sentaba sobre la acera y decía "renuncio". Merce y su hermana preferían jugar al **cuadrado**, y me decían que por qué no jugaba con ellas; yo prefería correr por la calle, antes que dar saltitos empujando una piedra con el pie sobre una serie de cuadrados pintados en el suelo con tiza. Además, nunca fui muy hábil para los juegos "de niñas"; era más sencillo correr que saltar sobre un solo pie o con una cuerda que siempre se enredaba en los pies.

Papá había llegado a la hora de la siesta con el tío Eugenio, el padre de Iván, mientras los mayores dormían. Esta vez, mi primo no se escapó durante la siesta, seguramente porque sabía que llegaba su padre, el que le controlaba. A las siete, después de la **merienda**, papá nos dejó salir a jugar a la calle.

A medida que oscurecía, empezaba a pensar que la llegada de Anita no iba a ser real. Recordé las palabras de la abuela y la señora de la tienda, por la mañana: "Si vienen, vendrán esta tarde". Si vienen, es decir, que no era algo seguro. De vez en cuando, las miradas de Iván me hacían temblar. «¡Si no vienen, Iván pensará que soy una mentirosa y que me lo he inventado todo, y me pegará!». Y mientras, el sol se ponía rojo, y la hora de la cena se acercaba más y más. Iván ya nos había enseñado el arcón de los dulces, un ratito antes de la comida, cuando las madres y la abuela estaban en la cocina y el abuelo en el corral, arreglando alguna cosa. Y por eso me miraba ahora de esa forma amenazadora; no soportaba el engaño.

Encendieron las farolas de la calle. Los niños se fueron hacia sus casas. El terrible momento de la verdad estaba allí. Iván, Guillermo y yo nos quedamos solos. Entonces le oí decir: "Ya es de noche. Prepárate, embustera". Tuve tiempo de salir corriendo, y así no pudo cogerme por el pelo. Las calles parecían todas iguales: farolas y cal blanca, esquinas, puertas, rejas negras en las ventanas. No podía mirar atrás, sólo oía las pisadas de Iván y su voz gritando "te vas a enterar, te vas a enterar". Entonces, tropecé con un señor, al doblar una esquina, y me caí al suelo. Iba a decir "perdón", pero la palabra no salió de mi garganta; ese viejo alto, delgado, que estaba allí mirándome era...

– ¡El Eusebio! –gritó Iván, que cambió de dirección en ese preciso instante.

Me levanté como pude y corrí tras Iván. No comprendía cómo un niño que hacía bromas sobre la Momia y Drácula, y subía solo a las cámaras, tenía tanto miedo de un loco. Pero era así. Tal vez porque sabía algo horrible del crimen.

Cuando llegué a la calle de nuestra casa, dejé de correr.

Entonces, tropecé con un señor, al doblar una esquina y me caí al suelo. ¡El Eusebio!
—grito Iván.

Creí que el corazón se me salía por la boca. Tenía la cara ardiendo, y el aire me quemaba al respirar. Iván estaba sentado sobre el bordillo de la acera.

– Mira –me dijo, respirando con dificultad, y señalando algo junto a la puerta de la abuela.

– Ya lo veo: un coche. ¿Y qué?

– ¿Cómo que "y qué"? ¿No ves que es el coche de la tía Aurora y el tío Jerry?

– ¡Anda, es verdad! ¿Ves cómo no soy una embustera? Lo que pasa es que tú eres un pegón.

– Bueno, ya te pegaré en otra ocasión. De todas formas, no te escapas, por hacerme correr tanto.

– ¿Y si le cuento al Pipi que has huido al ver al Eusebio? –Otra vez, podía dominar a Iván con esta amenaza.

– Estooo... Entonces, ¿le hacemos la broma a la "Insoportable" o no se la hacemos? –Era gracioso ver cómo Iván cambiaba de conversación cuando algo no le interesaba.

– Claro, después de la cena. Venga, vamos a entrar.

Estaban todos en el comedor. Ni siquiera se dieron cuenta de nuestra presencia. Anita estaba hablando con mi madre, mi tía, la abuela. Movía mucho las manos. Llevaba un vestido horrible, con florecitas, encajes, y un lazo enorme en la cabeza, nada cómodo para jugar. Iván y yo intercambiamos una mirada de complicidad. Nos acercamos a la tía Aurora, que nos saludó muy efusivamente; eso sí, sin soltar el cigarrillo que llevaba entre los dedos. ¡Qué asco, olía a tabaco cuando le dabas un beso!

encantos: se emplea en este caso como apelativo cariñoso. Resulta algo artificial.

– Hola, **encantos**, ¿cómo estáis? No sabéis qué contenta está Anita por venir a jugar con vosotros. ¿No os dais un beso? Anita, tesoro, ven a saludar a tu primito Iván y a tu primita Sole. –Nunca me gustó la forma de hablar de la tía Aurora. Parecía que hablaba sin mover la cara, ni la boca, ni nada; sólo la mano con el cigarrillo.

– Hola –dijo Anita al acercarse, procurando no acercarse mucho para no mancharse el vestido con nuestras manos sucias de jugar en la calle.

– Hola –contestamos Iván y yo, procurando poner nuestras manos sucias sobre su lindo vestido, para manchárselo. Y pensé: "Tú sí que te vas a enterar".

Luego sentí una mano en mi hombro y una voz muy suave – "¿cómo estás, rubia?"–; era el tío Jerry. Me pregunté, mientras me daba un beso y sentía toda la sangre del mundo en mi cara, cómo podía tener una hija como Anita y una mujer como la tía Aurora.

Durante la cena, pusimos en práctica nuestro plan. Los niños comíamos en una mesa y los mayores en otra. Iván y yo nos sonreíamos y nos dábamos codazos, para atraer la atención de Anita. Fingíamos decirnos cosas al oído, aprovechando que los mayores no nos miraban y no podían decirnos que eso era de mala educación. En un momento, Iván susurró al oído de Guillermo "ya sabéis, después de cenar, subimos a lo de los dulces". Y, claro, Anita lo oyó, tal y como queríamos. Entonces, puso cara de interesante y dijo:

– Os he oído. O me dejáis subir con vosotros a la cámara o me chivo de lo que vais a hacer.

– No te lo vamos a decir. Además, ahora ya no iremos, y te quedarás sin saber dónde están los dulces y sin poder decir nada a los mayores –dijo Iván.

Anita no dijo nada, pero sabíamos que preparaba algo. Así fue. Después de la cena dijimos que íbamos a la calle a jugar un rato, y salimos sin esperar a Anita.

En realidad, atravesamos el patio, entramos en la zona de las habitaciones, encendimos la luz de la escalera que daba a las cámaras, dejamos la puerta entreabierta, nos escondimos en la habitación que estaba justo enfrente de la escalera y esperamos. Anita apareció a los pocos minutos, avanzando despacio por el pasillo. Abrió la puerta de la escalera, vio la luz encendida y pensó que estábamos arriba. Mientras ella subía lentamente la escalera, salimos del cuarto, apagamos la luz, cerramos la puerta e Iván lanzó un grito de ultratumba: "¡uuuuuh¡". Escapamos, muertos de risa, hacia la calle, mientras ella gritaba y golpeaba la puerta. Aquello sí que era divertido.

Cuando la "Insoportable" llegó a la puerta de la calle, sólo vio un gato atravesando la acera. A la vuelta de la esquina, nosotros tres conteníamos la risa.

V

el escondite: juego que consiste en que varios niños se esconden en diferentes lugares, y otro tiene que encontrarlos.

A la mañana siguiente, estábamos jugando al **escondite** dentro de la casa. Guille era el que buscaba, y los demás nos escondíamos. Las reglas del juego eran sencillas: no se podía subir a las cámaras, ni salir al corral, ni mucho menos, a la calle. Me escondí en la cocina, detrás del cesto de la ropa sucia, sentada, en silencio, casi sin respirar. Alguien entró en la cocina. Al principio pensé que era Anita, que quería estropearnos el juego, y estaba preparando una venganza por lo que le hicimos la noche anterior. Pero no. Eran el abuelo y la abuela. Estaban hablando de la gata. Escuché con atención.

– No sé cuándo parirá la gata. Hay que vigilarla bien, a ver dónde lo hace. En cuanto los tenga, habrá que matarlos, si no, se llena la casa de gatos y de porquería.

– Sí, pero no los tiraré al río, como el año pasado, que luego va la gata detrás de mí todo el camino.

– No, esta vez habrá que hacer algo más rápido.

algo que fallaba: es decir, que algo no estaba bien, no se correspondía con el orden normal de las cosas. En este caso, en las ideas de Soledad no entra la posibilidad de que sus abuelos puedan hacer algo así.

¿Matar? ¿Tirar al río? ¿Eso que estaba oyendo era cierto? ¿Mis abuelos mataban gatitos? ¿Le quitaban a la gata sus hijos para matarlos? Por lo visto, no era sólo Iván el que cogía bichos y los ahogaba. Aquí había **algo que fallaba.** No podía ser. Pero ¡yo lo oí! Las lágrimas llegaron a mis labios. No iba a quedarme quieta esperando el día del nacimiento y muerte de los gatitos. Había un enemigo más terrible que Iván, que Anita, que todos los primos salvajes y primas insoportables del mundo: los mayores. ¿Y si preparaba un escondite para la gata y los gatitos? Pero ¿dónde?. Recordé entonces la antigua conejera, junto al corral Fue una cuadra en el pasado, luego, la vivienda de los conejos. "Ahora será una escondite para los gatitos".

– Te pillé –gritó Guillermo, y yo me sobresalté.

En los días siguientes, conduje a la gata hasta su nueva casa, atrayéndola con sardinas de una lata que robé en la cocina. Se acostumbró a ir allí a comer. Y, como parecía que el día se acercaba, cada vez se movía menos. Los abuelos empezaban a sospechar.

– ¿Has visto a la gata? No sé dónde está.

– Yo tampoco la he visto desde hace dos o tres días. Precisamente ahora, que debemos vigilarla más.

Sentía angustia cada vez que hablaban de esto en mi presencia. ¡Mira que si se enteraba Iván!

Una mañana, justo antes de abrir los ojos, me pareció oír unos pasos que salían de una de las habitaciones, lentamente, como en secreto. No le di importancia; tal vez alguno de los mayores se levantaba temprano. Pero, poco después, salté de la cama, con una sospecha terrible. Por eso, me puse las zapatillas y salí corriendo, en pijama. Atravesé el salón oscuro e inmenso. Pasé junto a la puerta de las cocinas, el segundo patio y, por fin, abrí la puerta del corral. Cuando llegué a la antigua cuadra, vi a Anita agachada, con su camisón blanco rozando el suelo, y tocando algo que se movía en la oscuridad. Escuché unos maullidos muy débiles. Lo que yo sospechaba: los gatitos acababan de nacer y la "Insoportable" ya lo sabía.

– ¿Qué haces tú aquí? –grité, mientras Anita se asustaba.

– Lo mismo que tú, estúpida, mirar los gatitos. ¿Crees que los abuelos lo saben ya? El otro día estaban diciendo que no encontraban a la gata –dijo Anita, limpiándose con la mano su precioso camisón blanco.

– ¿Y cómo sabías que la gata estaba aquí, si no has entrado nunca? –le pregunté, cada vez más nerviosa, y muy enfadada.

– Yo no he entrado nunca, pero ayer te oí levantarte en la hora de la siesta, y te seguí. Desde la puerta del corral vi cómo entrabas aquí. Pero yo no quería entrar con mi vestido azul, por si se manchaba. Bueno, voy a decírselo a la abuela, ¿vienes? –dijo, con esa voz de niña repelente que ponía cuando quería fastidiar a alguien.

– No, Anita, déjalo; ahora estarán durmiendo, es muy temprano. Yo se lo diré después. –Yo sabía que Anita iba a chivarse de todas formas. El castigo no me importaba, lo único que quería en aquel momento era salvar la vida de los gatitos.

– No, yo voy ahora –insistió la "Insoportable"– porque luego viene la gata y no deja a nadie tocar a sus hijos.

Anita salió de la antigua cuadra. Entonces, empecé a imaginarme a la abuela cogiendo a los gatitos y lanzándolos contra una piedra para matarlos. Tenía que actuar deprisa. No había tiempo. Quizá Anita estaba ahora mismo despertando a la abuela y diciéndoselo todo. No lo pensé más: cogí a los gatitos y, como pude, los metí en un saco roto que encontré en un rincón. Sus cuerpos eran pequeños, y, aunque estaban templados, temblaban. «No entiendo cómo los puede dejar solos la gata, tan chiquititos como son. ¿Y, por qué puerta salgo ahora? Por la principal no, porque hay que atravesar toda la casa, y la abuela y el abuelo ya estarán levantados. ¡Anita es una imbécil! Ay, ya sé: por el **portón** del corral. Siempre está abierto, sólo tengo que empujar un poco y ya. ¡Venga, venga, Soledad, que van a llegar los mayores!». Cuando me di cuenta, estaba en la calle, y tenía frente a mí un camino que llevaba al campo. Con las primeras luces del día, me puse a caminar.

El camino era el que llevaba a la alameda. Recordé que de pequeños íbamos allí a merendar con papá y mamá, y pensé que era un buen sitio para esconder a los gatitos. Estaba en pijama y zapatillas, pero eso no importaba. Era temprano. Los hombres que iban al campo salían de sus casas antes de amanecer y volvían por la tarde. No se veía a nadie a esta hora por el camino. «Los esconderé en una **caseta** vieja que hay en la alameda. Seguro que me castigan, pero yo no diré nada. Además, después llevaré a la gata allí, y así los podrá cuidar. Y como ya no están en la casa, no puede decir la abuela que se le llena todo de gatos y de porquería». La soledad del campo me daba valor, y

portón: puerta muy grande, generalmente de más de dos metros, de madera y dividida en dos partes, que se usa como puerta trasera en las casas grandes de los pueblos, en uno de los muros del corral.

caseta: casa pequeña, de un sólo espacio y de un sólo piso, generalmente en el campo, y que se emplea para algún servicio, pero no para habitarla.

caminaba deprisa, con el saco de los gatitos en brazos. La alameda estaba lejos, pero no me daba miedo andar sola tanto tiempo por los caminos. No pensaba en los locos, ni en los hombres que roban niños; por alguna razón, todos los males estaban relacionados con la noche: el Eusebio, Drácula la Momia, los fantasmas, los incendios, los pozos negros... «Ahora la abuela debe de estar buscándome por la casa. Creerán que me he escondido con los gatitos en las cámaras, o en la cueva. La tonta de Anita tampoco pensará que estoy en el campo, y estará riéndose con esa risa suya, en silencio y con la boca cerrada, y contenta porque van a castigarme. Pero nunca encontrarán a los gatos, eso sí que no».

Hacía ya mucho sol cuando llegué a la alameda. Mis zapatillas estaban llenas de polvo rojo del camino, y me dolían los brazos de tanto sujetar el saco con los gatitos. Junto a los primeros árboles, me detuve y volví la mirada por vez primera: el pueblo se veía allá, a lo lejos, muy pequeño, rodeado de **eras** y campos marrones y amarillos. «Ahora estarán buscándome por el pueblo. A lo mejor piensan que estoy en casa del Pipi, o de Fernando, o de las niñas. Preguntarán a Iván dónde viven todos nuestros amigos, y él estará pensando en pegarme en cuanto me vea por no contarle lo de los gatitos. Mamá estará nerviosa, como cuando Guille se perdió en el **Parque de Atracciones**, y dijeron su nombre por los altavoces». Se me hizo un **nudo en la garganta**, y pensé en acabar cuanto antes y volver a casa. Entré en la alameda. La hierba, muy alta, estaba seca. Había **cardos** y

eras: espacios en las afueras de los pueblos, de forma circular, donde se realizan algunas labores del campo.

Parque de Atracciones: con mayúsculas porque se refiere al de Madrid. Un parque de atracciones es un lugar donde hay diversas atracciones al aire libre, tales como norias, coches de choque, montañas rusas, etc.

un nudo en la garganta: sensación que se tiene de opresión en la garganta o dificultad para tragar producida por emoción, miedo, nerviosismo.

cardos: planta que crece en el campo, con hojas llenas de espinas.

otras plantas con espinas, que se enganchaban en el pijama, lo atravesaban, y me pinchaban las piernas. ¿Dónde estaba la caseta? Miraba hacia los lados, me subía en algunas piedras grandes, para ver más lejos, pero no había rastro de aquella dichosa caseta. «Pues yo me acuerdo de que era blanca, con las paredes llenas de hierbajos, casi sin techo, y por dentro olía a pis y estaba llena de bichos que daba miedo entrar... Una vez me escondí ahí cuando jugábamos al escondite Guille y yo, de pequeños». Empecé a desesperarme. ¡Mira que si la caseta ya no estaba! ¿Dónde iba a esconder a los pobres gatos? No podía dejarlos ahí, en mitad de la alameda, entre las hierbas, y luego olvidarme de dónde estaban, y no encontrarlos nunca más. Entonces sí que podían morirse.

No sé cómo fue. Lo único que recuerdo es la tierra hundiéndose bajo mis pies, y un golpe en la cabeza, y maullidos por todas partes. Y la oscuridad. Cuando abrí los ojos, lo primero que vi fue una araña enorme, con el cuerpo de colores y las patas negras. Quise gritar, pero la voz retumbó en mi cabeza dolorida. Me di cuenta de que estaba en un hoyo profundo, y comprendí por qué mamá siempre decía "no vayáis solos a la alameda, que hay mucho peligro". ¿Y los gatitos? Pensé en ellos casi antes que en mí. Tenía el saco aún entre los brazos. Lo abrí, y noté que cuatro se movían y no dejaban de maullar, pero el quinto estaba quieto, y muy frío. No podía creerlo, pero era verdad: el animal estaba muerto. ¿Murió al caernos en el agujero, o ya estaba muerto en el camino? Otra vez "morirse... morirse... morirse".

¿Y si me moría yo también, allí abajo? Uno podía morirse también de día, aunque no había fantasmas, ni te perseguía Eusebio Cifuentes con el cuerno. Me puse de pie, pero no llegaba al borde. Era muy estrecho, no había de dónde agarrarse. Lo intenté una y otra vez, pero no podía. Además, la cabeza me dolía muchísimo. Desesperación, miedo, tristeza... Me iba a quedar allí para siempre, nunca me iban a encontrar. No iba a ver más a mamá, ni a papá, ni a Guille... Las lágrimas sabían saladas y de nuevo todo se volvió oscuro.

Desperté de noche. No se veía nada. No sé cuánto tiempo pasé escuchando, por si alguien venía a rescatarme, pero me pareció una eternidad. Por fin, oí un rumor entre las hierbas de fuera. Podía ser algún animal peligroso, pero, ¿y si era el tío Jerry que venía a salvarme? Empecé a gritar:

– ¡Eh! ¡Estoy aquí! ¡Sacadme!

– Hum, hum –respondió una voz, desde muy cerca, mientras los pasos se detenían.

– ¡Aquí abajo, por favor! –chillé, mientras intentaba llegar al borde con los brazos extendidos.

– ¿Dónde estás, criatura? ¿Has caído en uno de los hoyos? –preguntó aquella voz desconocida.

No reconocía aquella voz. Era un hombre, pero no papá, ni el tío Eugenio, ni Jerry, ni el abuelo... No me importaba. Seguramente, los ladrones de niños no tenían esa voz, y los fantasmas no preguntaban, porque sabían dónde estaba la gente y **se colaban** por todas partes.

se colaban: colarse es introducirse en secreto, sin hacer ruido, en un sitio, o meterse a través de un espacio estrecho.

44

tantear: tocar una cosa con cuidado para conocer su forma.

– Sí, me he caído. Sáqueme, por favor, por favor.

De repente, unas manos empezaron a **tantear** el borde del agujero.

– ¡Sí, aquí, aquí, señor! –dije, mientras intentaba llegar a aquellas manos. Pero, de repente, recordé algo: –Coja esto primero, por favor –y le di el saco con los gatitos.

gatejos: "gatitos"; el diminutivo -ejo/a se emplea en algunas zonas de España, sobre todo en el centro de la Península.

El hombre, al ver el contenido del saco comentó "criatura, ¿qué haces tú con estos **gatejos**?", y en seguida volvió a meter los brazos en el hoyo. Me agarró con fuerza, y sentí que subía. Respiré hondo al salir, miré la cara del hombre y la sangre se me heló en las venas: mi salvador era... ¡el Eusebio! No podía reaccionar. No podía correr, ni hablar, ni moverme, ni nada.

– Por el pueblo te andaban buscando. Coge esto y vamos. –Su cara estaba seria, pero no llevaba ningún cuerno, ni quería matarme, ni nada. Me dio el saco, me cargó en su espalda y empezó a caminar. Y así fuimos todo el camino de regreso al pueblo, a la luz de la luna, yo sin poder hablar, y él sin abrir la boca, sólo caminando, caminando, caminando. Aún hoy me pregunto cómo aquel hombre tan flaco, y ya viejo, pudo llevarme a la espalda durante dos kilómetros. Aquella noche no dejé de preguntarme por qué los niños corrían al verle, por qué le teníamos miedo, por qué decían que estaba loco, que mató a su mujer y la hizo chorizos.

Me dio el saco, me cargó en su espalda y empezó a caminar. Y así fuimos todo el camino de regreso al pueblo.

VI

La entrada en el pueblo fue genial. Al pasar por la placita de los columpios vi al Pipi, a Fernando, a Marcos, Merce, su hermana, con otros niños. Pusieron cara de espanto al ver a Eusebio, pero no salieron corriendo, como otras veces; se quedaron con la boca abierta diciendo "Halaaa", "Mira a quién **lleva a caballito**", "Pero, ¡si es Sole!", "¡Lleva a la prima del Iván!", "Está en pijama, ¡la robó anoche de la cama, y ahora se ha arrepentido y se la lleva a sus padres!"... No podía creerlo, ¡yo era el centro de atención!

Cuando llegamos a casa de mis abuelos, el Eusebio pasó al patio, llegó hasta el comedor, entró y, delante de toda mi familia, dijo, sin cambiar la expresión de su cara:

— Estaba en un hoyo de la alameda. Suerte que yo caminaba por allí, que si no... —Y, como había venido, se fue.

Yo allí, llena de arena, sucia, con un **moretón** en la frente, y con el saco de los gatitos en la mano, miré a mamá y dije:

— Mami, por favor, que no los maten. Castígame si quieres, pero no dejes que los maten. —Y las lágrimas no me dejaron ver nada más.

Mi madre lloraba, papá me daba besos, la abuela decía "lo que nos has hecho pasar", la tía Carmen y

lleva a caballito: significa llevar a alguien cargado en la espalda.

moretón: mancha de color morado que surge en la piel después de darse un golpe fuerte.

el tío Eugenio se miraban, "menos mal", Guille preguntaba si vi a Drácula, Iván quería coger el saco de los gatitos, y Anita, desde un rincón me miraba con furia y envidia, porque nadie me iba a castigar, y porque ella no era el centro de atención. Con los ojos busqué al tío Jerry, pero no estaba. Ni tampoco la tía Aurora. Pregunté, cuando ya todo el mundo estaba más calmado.

– Se fueron esta mañana de madrugada, hija. Tenían que trabajar –me respondieron.

¿Qué? Por una vez en mi vida, me pasaba una cosa peligrosa, y el tío Jerry no se enteraba, no estaba allí para rescatarme ni para abrazarme y darme besos después, ni para decirme "¡qué valiente eres, rubia!", como aquel verano en que me enseñó a nadar y a mí no me daba miedo el agua. No era justo. Me dieron unas ganas terribles de llorar.

Después, una vez lavada y con ropa limpia, me dejaron estar un rato en la puerta. Estaban todos los niños, y me hacían preguntas.

– ¿Había muchos bichos en el hoyo? –preguntaban los chicos.

– No sé, sólo vi una araña gorda, que debía de ser muy venenosa, con unas patas así de grandes y el cuerpo de colores –sentí un escalofrío al recordar a la araña, y miré a Iván, que tenía cara de envidia; seguramente se imaginaba a él mismo cogiendo la araña, metiéndola en una caja gigante de cerillas, prendiéndole fuego y saltando luego alrededor de la hoguera como los indios de las **películas del Oeste.**

películas del Oeste: el género cinematográfico del western americano.

Conté, una y mil veces, mi aventura, exagerando las cosas, poniendo pasos y sonidos misteriosos donde no los había, aullidos de lobos, garras de animales terribles, hasta que llegaba al rescate de Eusebio; aquí sí que no inventaba nada, ni voz de ultratumba, ni ojos de loco, ni falsa valentía. El Eusebio tal vez estaba loco, pero desde luego no se comía a los niños, ni escondía el cuerno de un toro debajo de la chaqueta.

– Y seguro que no mató a su mujer –añadí al acabar mi historia.

– ¡Ah, pues eso sí que lo hizo, porque me lo ha contado mi abuelo y no es ningún embustero! –saltó Merce, muy ofendida.

– Pues tu abuelo no será un embustero, pero yo te digo que Eusebio Cifuentes **no ha matado ni una mosca**. Además, yo ya no le tengo miedo.

– Si tan bueno es, ¿por qué no le das los gatitos para que los cuide él? –añadió una voz impropiamente irónica; era mi queridísima prima Anita.

Me volví hacia ella, sintiendo que debía **partirle la cara**, «así se callará de una vez». Por su culpa me fui por la mañana, por su culpa me caí en el hoyo, por su culpa murió uno de los gatitos, por su culpa mi madre estaba todavía llorando, por su culpa iba a tener pesadillas todas las noches, por su culpa el tío Jerry **nunca me hacía más caso**... Quise decirle muchas cosas, como que por lo menos mis padres no ponían triste a la abuela cada vez que alguien hablaba de ellos, o que el Eusebio era mejor que el traidor de su padre, que se iba cuando más lo necesitaba, que

no ha matado ni una mosca: se dice de alguien que es muy pacífico, inocente, incapaz de matar o hacer daño a nadie (ni siquiera a una mosca).

partirle la cara: es una exageración, significa 'pegar en la cara', 'abofetear enérgicamente'.

nunca me hacía más caso: hacer caso a alguien es prestarle atención, escucharle, interesarse por él.

rica: aquí, sinónimo de "bonita", "guapa". Se emplea irónicamente, cuando lo que se quiere es insultar o fastidiar a la persona a la que uno se dirige. Evidentemente, Sole no está intentando adular a su prima en este momento.

nunca me rescató de nada... Pero lo único que me salió de la garganta fueron estas palabras: "Claro que le llevaré los gatitos a Eusebio Cifuentes, **rica**, y además le daré dos besos de agradecimiento, porque se lo ha ganado, y puede llevar a un niño a la espalda, aunque le manche la ropa". Probablemente, fueron las primeras palabras que indicaban que ya nada sería como antes dentro de mí. Ya no importaban la Momia, ni Drácula, ni los fantasmas, ni los locos sueltos, ni los chantajes de Iván, ni los castigos de irse a la cama sin jugar... El peligro se escondía en cosas más terribles que aún no podía determinar, pero que estaban más cerca y venían de lo que antes parecía indiscutible: ellos, los grandes, los que tenían la verdad, decidían crueldades inmensas, decían mentiras de los demás, te daban un beso y luego te abandonaban, adoraban a niños repelentes. Desde luego, no descubrí el mundo aquel día, pero ese mes de septiembre de mis diez años fue el fin de una época y el comienzo de otra en mi vida.

Como por casualidad, pregunté a mi abuelo dónde vivía Eusebio Cifuentes. Me lo explicó muy vagamente, pero me imaginé el lugar: a la salida del pueblo, por el camino de los columpios, donde le vi por primera vez aquella noche de principios de septiembre. A la mañana siguiente, me levanté muy temprano, me vestí en silencio, atravesé el salón, que no era tan inmenso ni tan oscuro, y me dirigí al corral. Hoy tampoco estaba la gata, afortunadamente, pero seguro que había alimentado a sus crías durante la noche, porque dormían tranquilamente. «Esta tarde nos vamos, y después, seguro que los abuelos se olvidan de su promesa. Lo siento, gata, pero seguro que él no los matará, y tú sabrás encontrarlos». La calle estaba vacía. Tardé poco en llegar a su casa. Llamé sin miedo, golpeando la puerta. A la luz del día, su cara somnolienta no era tan terrible; un abuelo serio, como otro cualquiera. "¿Qué quieres, criatura?". Superando la vergüenza, logré decir: "Es que, en casa de mi abuela no los quieren, y a lo mejor usted, como está solo, pues... Bueno, y gracias, señor Eusebio". Le di un beso en la cara, que más pareció un golpe, y salí corriendo. Volví a casa. Aún dormían todos. «Esta tarde nos vamos», pensé, «y pasado mañana, al colegio; y, dentro de un mes, cumpliré once años».

EXPLOTACIÓN DIDÁCTICA
EJERCICIOS PARA EL ALUMNO

Lecturas de Español es una colección de historias breves especialmente pensadas para los estudiantes de español como lengua extranjera. Los cuentos han sido escritos, a pesar de las limitaciones e inconvenientes que ello pueda suponer, y de las que somos plenamente conscientes, teniendo en cuenta, básica pero no únicamente, una progresión gramático-funcional secuenciada en seis etapas, de las cuales las dos primeras corresponderían a un nivel inicial de aprendizaje, las dos segundas a un nivel intermedio, y las dos últimas al nivel superior. Como resultado de la mencionada secuenciación, el estudiante puede tener contacto con textos escritos «complejos» ya desde los primeros momentos del aprendizaje y puede hacer un seguimiento más puntual de sus progresos.

Las aportaciones didácticas de *Lecturas de Español* son fundamentalmente dos:

– notas léxicas y culturales al margen, que permiten al alumno acceder, de forma inmediata, a la información necesaria para una comprensión más exacta del texto.

– explotaciones didácticas amplias y variadas que no se limiten a un aprovechamiento meramente instrumental del texto, sino que vayan más allá de los clásicos ejercicios de «comprensión lectora», y que permitan ejercitar tanto otras destrezas como también cuestiones puntuales de grámatica y léxico. El tipo de ejercicios que aparecen en las explotaciones permite asimismo llevar este material al aula, ampliando, de esa manera, el número de materiales complementarios que el profesor puede incorporar a sus clases.

Con respecto a los autores, hemos querido contar con narradores capaces de elaborar historias atractivas, pero que además sean –condición casi indispensable– expertos profesores de E/LE, para que estén más sensibilizados con el tipo de problemas con que se enfrenta un estudiante de español como lengua extranjera.

Las narraciones, que no se inscriben dentro de un mismo «género literario», nunca son adaptaciones de obras, sino originales creados *ex profeso* para el fin que persiguen, y en ellas se ha intentado conjugar tanto amenidad como valor didáctico, todo ello teniendo siempre presente al lector, una persona adulta con intereses variados.

Estas narraciones, pues, son un buen complemento de cualquier método de español, pero lo son particularmente del de nuestras compañeras y amigas Selena Millares y Aurora Centellas, en esta misma editorial, y al que, en ocasiones, se hará referencia, de forma únicamente orientativa, en explotaciones didácticas.

PRIMERA PARTE

1. Teniendo en cuenta el relato que has leído, di si son verdaderas o falsas las siguientes afirmaciones:

a. Iván, el primo de Soledad, era cinco años mayor que ella.
❏ Verdadero ❏ Falso

b. Fernando dijo que podían enterrar el saltamontes en los columpios.
❏ Verdadero ❏ Falso

c. Eusebio Cifuentes había matado a su esposa con el cuerno de uno de los toros de las fiestas.
❏ Verdadero ❏ Falso

d. Soledad tenía diez años en el momento de la historia.
❏ Verdadero ❏ Falso

e. El padre de Soledad llegó al pueblo el primer día de fiesta.
❏ Verdadero ❏ Falso

f. El padre de Iván se llamaba Miguel.
❏ Verdadero ❏ Falso

g. La abuela de Soledad se ponía triste cuando hablaban de la tía Aurora porque se había casado con un inglés.
❏ Verdadero ❏ Falso

h. Soledad fue al pueblo en autocar y su prima Anita en coche.
❏ Verdadero ❏ Falso

i. Sole se enteró de que sus abuelos querían matar a los gatitos mientras jugaba al escondite.
❏ Verdadero ❏ Falso

j. Sole escondió los gatitos en un saco roto para que no los encontrara su abuela.
❏ Verdadero ❏ Falso

k. Cuando el Eusebio llevó a Soledad a casa de sus abuelos estaba toda la familia esperando.

❏ Verdadero   ❏ Falso

l. Soledad nació en octubre

❏ Verdadero   ❏ Falso

2. De las tres frases que aparecen en cada uno de los apartados siguientes, sólo una recoge el sentido de lo que se ha dicho en el texto. Marca cuál es.

A. Soledad e Iván

   a. se veían todos los años
   b. se veían de vez en cuando
   c. no se veían desde hacía años

B. Iván cuando capturaba un insecto

   a. lo solía quemar vivo
   b. lo solía encarcelar
   c. lo mataba

C. La abuela de Soledad

   a. guardaba los dulces en un arcón y los bollos en la cámara
   b. guardaba los bollos en la cámara y los dulces en un arcón
   c. guardaba la repostería en la cámara

D. El día que Soledad se enteró de la llegada de su prima Anita

   a. la primera en despertarse fue ella, después Guillermo y después Iván
   b. el primero en despertarse fue Iván, después ella y después su hermano
   c. la primera en despertarse fue ella, después Iván y después Guillermo

E. La familia de Anita

   a. llegó el mismo día que el padre de Sole
   b. llegó, por la noche, un día más tarde que el padre de Sole
   c. llegó con el padre de Iván

F. Cuando Sole cogió los gatitos y los llevó a la alameda

    a. los hombres que iban al campo la miraban porque iba en pijama y zapatillas

    b. era temprano y por eso la miraban los hombres que iban al campo

    c. no había nadie por el camino

G. El Eusebio llevó a Sole a casa de sus abuelos

    a. en brazos

    b. a sus espaldas

    c. a hombros

3. En el relato aparece la siguiente frase:

En ese momento, mi primo, cuyo columpio estaba literalmente por encima del eje, se lanzó al suelo (...)

*El relativo **cuyo** tiene un uso que corresponde al uso formal, y a diferencia de lo que ocurre con los demás relativos, concuerda en género y número con el sustantivo al que acompaña.*

Teniendo en cuenta lo dicho, transforma las frases que se te dan a continuación utilizando, siempre que sea posible, el relativo "cuyo" y sus formas.

Ejemplo:
La marea negra tardará en estar completamente controlada. Los efectos pueden ser bastante graves.
La marea negra, cuyos efectos pueden ser bastante graves, tardará en estar completamente controlada.

    1. Algunos niños no se irán a dormir hasta muy tarde. Sus padres llegarán a recogerlos después de las doce de la noche.

    2. La madre de Enrique va al cementerio todos los días. Su padre murió el año pasado.

    3. Las iglesias medievales han sido prácticamente olvidadas por los restauradores. Su construcción costó miles de vidas.

    4. Tiene un jefe inmaduro. Su equilibrio emocional está seriamente dañado.

5. Aquellos bares del puerto tuvieron que cerrar. Tenían unas pérdidas elevadas.

6. El pintor murió en la más absoluta pobreza. Sus cuadros se venden en la actualidad a precios exorbitantes.

7. La capa de ozono puede desaparecer. Su existencia está seriamente amenazada.

¿Podrías transformar a la inversa la frase sacada del texto que figura al principio del ejercicio?

4. A lo largo del texto han ido apareciendo diversas frases hechas, algunas de las cuales figuran en la columna de la izquierda. Busca su significado en la columna de la derecha y después intenta formar algunas frases en las que el contexto deje claro el uso de la expresión.

a) ser un listillo •
b) darse importancia •
c) ponerle los cuernos a alguien •
d) echarle una bronca a alguien •
e) ser cursi •
f) guiñar un ojo •
g) darle igual algo a alguien •
h) ser un chivato •
i) hacérsele un nudo
en la garganta a alguien •
j) partirle la cara a alguien •
k) hacerle caso a alguien •

• A) engañar el marido a la mujer o al revés
• B) pensar que se es más de lo que se es
• C) no importarle algo a alguien
• D) hacer un signo de complicidad
• E) no poder reaccionar, quedar impresionado
• F) obedecer
• G) pegarle una paliza a alguien
• H) presumir de saber mucho
• I) reñir a alguien, criticar
• J) de poco gusto; afectado
• K) persona que acusa o cuenta en secreto algo de alguien para hacerle daño

Ejemplo: h) K) -
• No te fíes de tu compañero, todos dicen que es un envidioso, le cuenta todo lo que hacen los demás al jefe...
• Hombre, un envidioso quizá no, pero seguro que sí es un chivato.

5. ¡Fíjate bien! Si te hacen una pregunta sobre el futuro puedes ver aparecer tres formas: el presente de indicativo (¿Cuándo vas a Barcelona?), el futuro imperfecto de indicativo (¿Cuándo irás a Barcelona?) y la estructura "ir + a + infinitivo" (¿Cuándo vas a ir a Barcelona?). Sin embargo en el texto (eso sí, no en una pregunta) aparece la siguiente frase:

Cuando yo tenga quince años me dejarán salir temprano (...)
Cuando + subjuntivo (expresión de futuro)

Según lo dicho más arriba, preparar por grupos en clase una lista de preguntas sobre cuándo van a hacer determinadas cosas vuestros compañeros de clase, o personas de vuestro entorno y pasárselas a otro grupo para que responda. (Inventaos la respuesta, pero sin dar una fecha concreta)

6. Del texto que sigue a continuación han desaparecido varias palabras, que ya conoces, relacionadas con el PUEBLO y con algunos lugares posibles de encontrar en éste. Intenta encontrarlas. Te pueden ayudar las definiciones que tienes en la parte inferior.

Anita salió de la antigua (1)............................... Entonces, empecé a imaginarme a la abuela cogiendo a los gatitos y lanzándolos contra una piedra para matarlos. Tenía que actuar deprisa. No había tiempo. Quizá Anita estaba ahora mismo despertando a la abuela y diciéndoselo todo. No lo pensé más: cogí a los gatitos y, como pude, los metí en un saco roto que encontré en un rincón. Sus cuerpos eran pequeños, y, aunque estaban templados, temblaban. «No entiendo cómo los puede dejar solos la gata, tan chiquititos como son. ¿Y, por qué (2)............................... salgo ahora? Por la principal no, porque hay que atravesar toda la (3)..............................., y la abuela y el abuelo ya estarán levantados. ¡Anita es una imbécil! Ay, ya sé: por el (4)............................... del (5)............................... Siempre está abierto, sólo tengo que empujar un poco y ya. ¡Venga, venga, Soledad, que van a llegar los mayores!». Cuando me di cuenta, estaba en la (6)..............................., y tenía frente a mí un (7)............................... que llevaba al (8)............................... Con las primeras luces del día, me puse a caminar.
El (9)...............................era el que llevaba a la (10)...............................
....

1. Lugar cubierto donde están los caballos y los animales de carga.

2. Parte de una casa que se abre y cierra y que permite pasar al interior de esa casa o de las habitaciones, etc.

3. Edificio en el que viven personas.

4. Puerta grande usada como puerta trasera en los pueblos y por donde suelen salir carros, tractores, etc.

5. Lugar descubierto junto a las casas o en el campo que sirve para guardar animales.

6. Lugar dentro de la ciudad o de un pueblo por el que se circula y por donde la gente va de un sitio a otro.

7. Lugar por el que se va de un sitio a otro.

8. Terreno en el que viven animales y plantas y donde se suele cultivar.

9. Lugar por el que se va de un sitio a otro.

10. Lugar lleno de álamos.

7. En el cuento aparecen diversas expresiones de tiempo. A continuación tienes esas expresiones al principio de una serie de frases. Complétalas dando un contexto amplio que justifique el uso de uno u otro tiempo verbal. Ten en cuenta que en ocasiones tienes más de una posibilidad.

- Cuando llegué a la antigua cuadra...

- A la mañana siguiente...

- Durante la cena...

- Iba pensando cuando, de repente...

- Cuando yo tenía quince años...

- En ese momento, mi primo...

SEGUNDA PARTE

8. Elige la opción adecuada en las siguientes frases. Ten en cuenta que la respuesta se encuentra en las páginas y notas del relato.

1. Una carretera comarcal es:
   a. una carretera que lleva de una comarca a otra
   b. una carretera menos importante que una carretera nacional
   c. una carretera que está en una comarca

2. Si alguien después de comer decide acostarse un rato, normalmente dirá que:
   a. va a hacer la digestión
   b. va a dar un cabezazo
   c. va a echarse la siesta

3. La paella es un plato típico español en el que el ingrediente más importante es:
   a. el arroz
   b. la pasta
   c. las patatas

4. Una corrida es:
   a. una carrera en la que sólo se corre la ida y no la vuelta
   b. una carrera de toros
   c. un espectáculo de toros

5. En muchos pueblos españoles las paredes exteriores de las casas están pintadas de:
   a. cal
   b. calcio
   c. caliza

6. La merienda es:

    a. una comida que se hace por la mañana después del desayuno

    b. una comida que se hace entre la comida y la cena

    c. una comida que se hace poco antes de acostarse por la noche

7. Una banda municipal es:

    a. una orquesta de pueblo

    b. un grupo de ladrones que vive en el mismo municipio, en la misma ciudad

    c. uno de los lados de un municipio

8. "Repipi" es una de las formas de

    a. manifestar una fuerte necesidad fisiológica

    b. calificar negativamente a una persona

    c. seguir el ritmo de la música

9. Las noticias importantes pueden ser:

    a. gigantes

    b. gruesas

    c. gordas

10. Uno de los saludos típicos de ciertas zonas rurales de España es:

    a. con Dios

    b. por Dios

    c. en Dios

TERCERA PARTE
Expresión escrita

1. La protagonista del relato, Soledad, pasaba normalmente las vacaciones de su infancia en el pueblo de la historia. Teniendo en cuenta el lugar en el que tú solías pasar tus vacaciones en la infancia, escribe una carta a un amigo español contándole alguna anécdota de esa época.

2. Imagina que cuando la protagonista de la historia llega a su casa en la ciudad, decide escribir una carta a una amiga en la que le cuenta todo lo que le ha sucedido durante sus vacaciones. ¿Puedes ayudarla?

3. La chica de la historia llevaba un diario, que escribía todas las noches, en el que anotaba lo que había hecho durante el día. Con el tiempo, la página en la que figuraba el momento en el que le llevó los gatitos a Eusebio Cifuentes (última página del relato), se ha perdido. ¿Podrías ayudarla a reconstruirla?

4. Del diario de Soledad también falta un fragmento en el que contaba su aventura al huir con los gatitos de casa. Intenta reconstruir lo que ella escribió. La página empezaba así:

Parece un milagro, pero sigo viva. ¡Menudo susto! Esta mañana he decidido salvar de la muerte a los gatitos. Todo ha sucedido de la siguiente manera. Resulta que ...

Expresión oral

1. Comenta con tus compañeros lo que sucede con Eusebio Cifuentes. ¿No crees que a veces en los pueblos pequeños los rumores pueden tener un valor increíble? ¿Cómo puede sentirse una persona que es odiada, despreciada, etc. por toda la sociedad? ¿Te parece eso una forma de racismo? ¿Qué opinas de la no aceptación de las personas cuando son diferentes?

b. Soledad sufre un choque cuando se da cuenta de que el mundo de los adultos no es como ella pensaba. ¿Crees que hay muchas diferencias entre el mundo de los adultos y el de los niños? ¿Cuál puede ser más cruel? Teniendo en cuenta lo que hacen el primo y la prima de la protagonista y después lo que quieren hacer sus abuelos, ¿no crees que ya desde pequeños actuamos de una forma criticable? Comenta con tus compañeros las diferencias que ves entre los niños y los adultos.

c. En distintos momentos de la historia aparece tratado el tema de la relación entre los hombre y los animales. ¿Qué opinas tú sobre lo que sucede en el cuento? ¿Es algo habitual ver cómo el hombre mata a los animales? ¿Crees que tiene alguna justificación? Comenta el problema con tus compañeros de clase.

SOLUCIONES

EXPLOTACIÓN DIDÁCTICA

Primera parte

1. a) f; b) f; c) f; d) v; e) v; f) f; g) f; h) v; i) v; j) f; k) f; l) v.

2. A-a; B-b; C-c; D-c; E-a; F-c; G-b.

4. a-H; b-B; c-A; d-I; e-J; f-D; g-C; h-K; i-E; j-G; k-F.

6. 1. cuadra; 2. puerta; 3. casa; 4. portón; 5. corral; 6. calle; 7. camino; 8. campo; 9. camino; 10. alameda.

Segunda parte

8. 1, b; 2, c; 3, a; 4, c; 5, a; 6, b; 7, a; 8, b; 9, c; 10, a.

TÍTULOS PUBLICADOS